1 Je me présente… (pages 6–7)

1 Choisis trois symboles pour chaque bulle.
Choose three symbols for each speech bubble.

a Je m'appelle Juliette. Je suis française et j'habite à Bordeaux en France. J'ai treize ans. J'ai les yeux bleus et les cheveux bruns et courts. J'ai un frère qui s'appelle Luc.

b Je m'appelle Dominique. J'ai douze ans et je suis canadienne. J'habite à Montréal. J'ai les yeux bruns et les cheveux noirs et très longs. J'ai une sœur, Corinne, et deux frères qui s'appellent Benjamin et Antoine.

c Je m'appelle Jérôme. Je suis suisse. J'habite à Berne. J'ai quatorze ans. J'ai les yeux noisette et les cheveux très courts et blonds. Je n'ai pas de frères et sœurs.

2 Réponds aux questions. Qui …
Answer the questions. Who is it?

a est canadienne? _____

b a deux frères? _____

c a les cheveux blonds? _____

d a les yeux bleus? _____

e n'a pas de frères et sœurs? _____

f habite en France? _____

3 Écris une bulle pour toi. Change les détails soulignés dans la bulle 'a'.
Write a speech bubble for yourself. Change the details underlined in speech bubble 'a'.

Je m'appelle _____

2 Quentin et Murielle (pages 8–9)

1 Salut!

1a Écris les mots dans le bon ordre pour faire des phrases correctes.
Write the words in the correct order to make sentences.

a habite au Antoine Canada _____

b a ans quatorze Il _____

c Il qui sœur une a s'appelle Nathalie _____

d un a qui chien Bruno Il s'appelle _____

e habite Suisse Katya en _____

f Elle un qui s'appelle frère Serge a _____

g Elle une s'appelle a souris qui Charlie _____

h a quinze Elle ans _____

1b C'est Antoine ou Katya?
Is it Antoine or Katya?

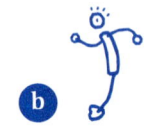

a b c **14** d e f **15**

____ ____ ____ ____ ____ ____

2 Écris quatre phrases pour Sophie.
Write four sentences about Sophie.

Sophie France 14 ans

Marc
15 ans

Sultan

Métro 2 Vert
Cahier d'exercices

Julie Green

Heinemann

Heinemann Educational Publishers,
Halley Court, Jordan Hill, Oxford, OX2 8EJ

A division of Reed Educational & Professional Publishing Ltd

Heinemann is a registered trademark of Reed Educational & Professional Publishing Ltd

OXFORD MELBOURNE AUCKLAND IBADAN
BLANTYRE JOHANNESBURG GABORONE
PORTSMOUTH (NH) USA CHICAGO

© Julie Green 2000

First published 2000

05 04 03 02 01
10 9 8 7 6 5

A catalogue record is available for this book from the British Library on request.

ISBN 0 435 37188 6

Designed and typeset by Ken Vail Graphic Design

Original illustrations © Heinemann Educational Publishers 2000

Illustrated by Celia Hart, Linda Jeffrey, Sylvie Poggio Artists Agency (Nick Duffy, Roger Langridge, Paul McCaffrey) Chris Smedley.

Printed and bound in the UK by Thomson Litho Ltd

Every effort has been made to contact copyright holders of material reproduced in this book. Any omissions will be rectified in subsequent printings if notice is given to the publishers.

Tel: 01865 888058 www.heinemann.co.uk

3 Que font-ils après le collège? (pages 10–11)

	⚽	🎾	🎧	📺	🚴	🃏	🏐	📖
Sara	✓	✓	✓	✓		✓		
Mélanie		✓	✓		✓		✓	✓
Kévin	✓		✓	✓	✓		✓	
Julien	✓	✓			✓	✓		✓

1 Regarde la grille et lis ces phrases. C'est qui?
Look at the grid and read these sentences. Who is it?

    a Elle écoute de la musique et elle fait du vélo. _____

    b Il joue au football et il joue aux cartes. _____

    c Il regarde la télé et il fait du vélo. _____

    d Elle joue au tennis et après elle joue au volley. _____

    e Elle joue au football puis elle regarde la télé. _____

    f Il joue au tennis et puis il fait ses devoirs. _____

    g Elle écoute de la musique et elle regarde la télé. _____

    h Il joue au foot et il écoute de la musique. _____

2 **C'est qui?** *Who is it?*

> Le samedi matin, je joue au tennis avec mon copain et après, je fais du vélo. Le dimanche, j'écoute de la musique et après, je joue au volley.

_____

EXTRA! Écris deux phrases pour les trois autres jeunes. (Adapte les phrases de l'activité 2.)
Write two sentences for the other three people. (Adapt the sentences from Activity 2.)

4 La semaine de Pascal (pages 12–13)

1 Suis les lignes et écris les phrases. *Follow the lines and write out the sentences.*

Exemple: lundi, je vais au parc et je joue au tennis.

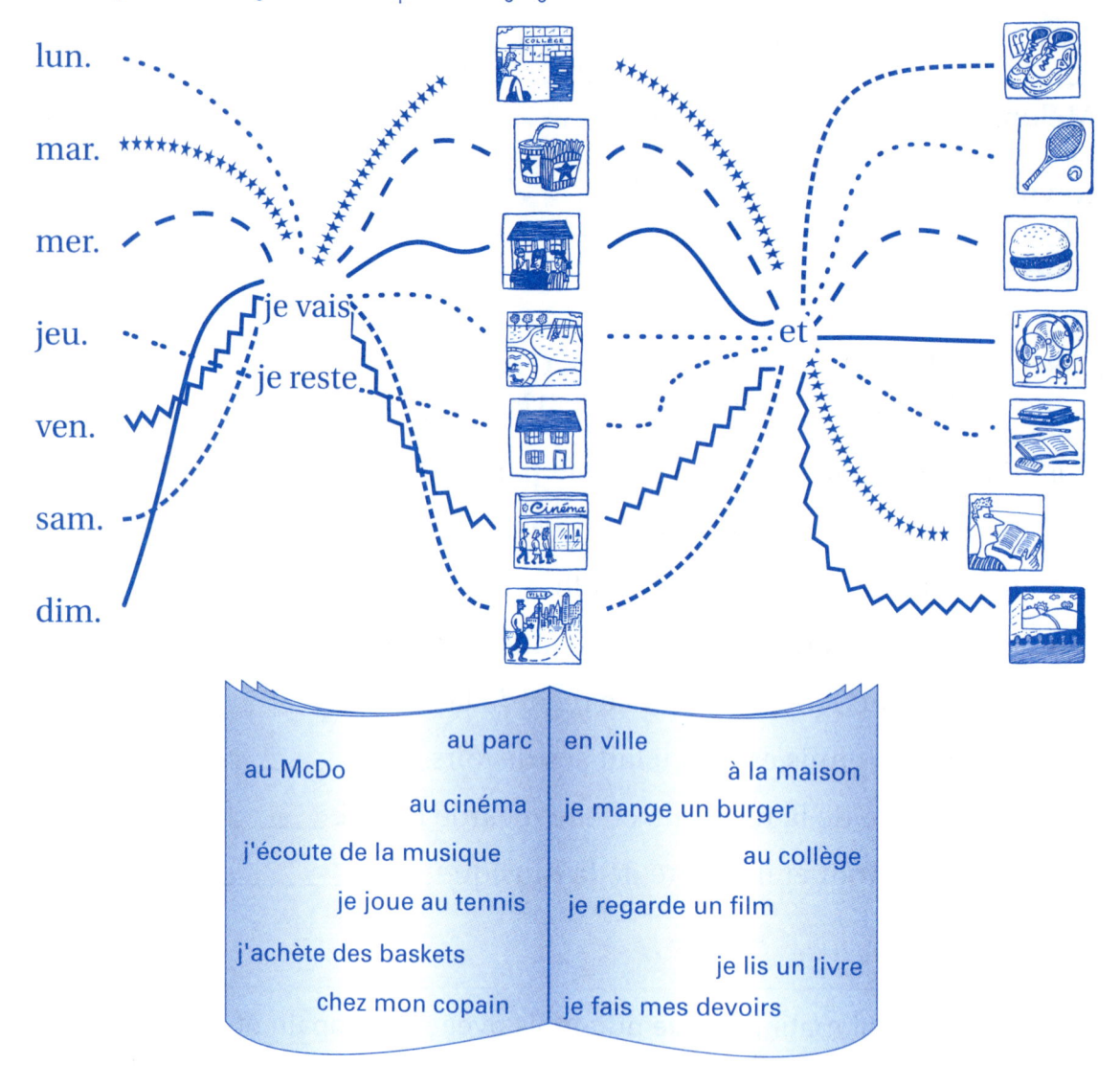

au parc	en ville
au McDo	à la maison
au cinéma	je mange un burger
j'écoute de la musique	au collège
je joue au tennis	je regarde un film
j'achète des baskets	je lis un livre
chez mon copain	je fais mes devoirs

a _____
b _____
c _____
d _____
e _____
f _____
g _____

5 Un jour de congé (pages 14–15)

1 Choisis une phrase de chaque liste pour écrire des phrases correctes.
Choose a phrase from each list and write out the correct sentences.

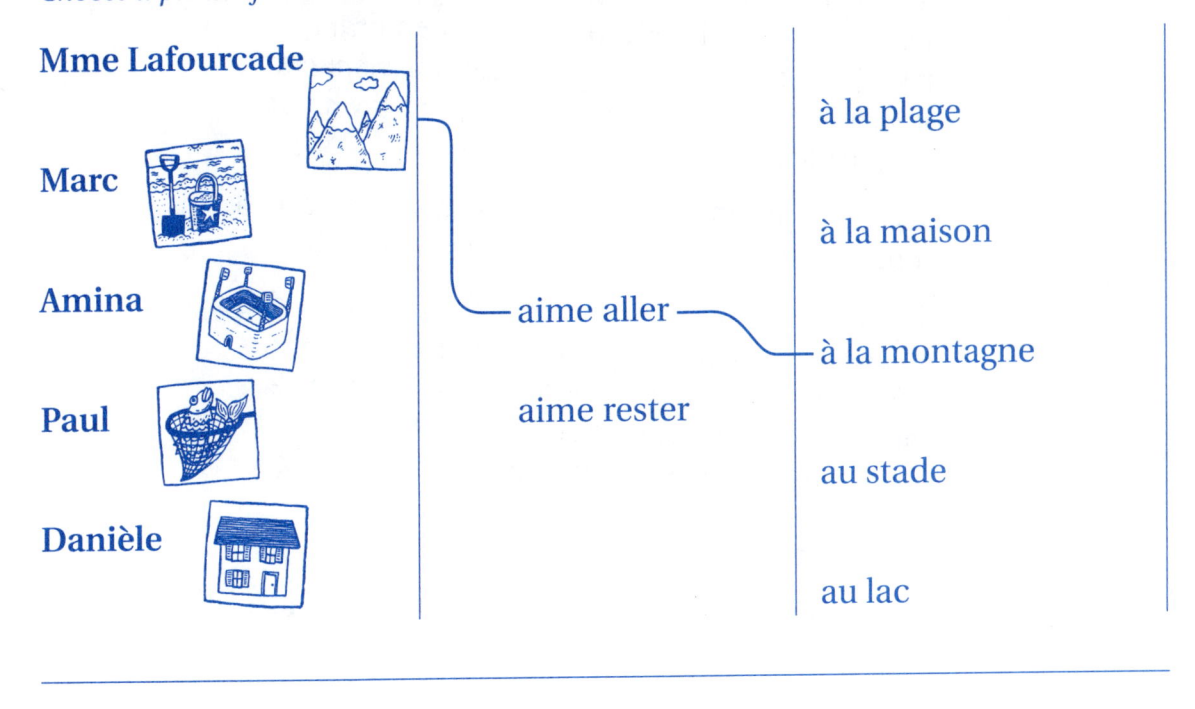

Mme Lafourcade
Marc
Amina
Paul
Danièle

aime aller
aime rester

à la plage
à la maison
à la montagne
au stade
au lac

2 Qu'est-ce qu'ils aiment faire? Écris une phrase pour chaque personne.
What do they like doing? Write a sentence for each person.

Exemple: Mme Lévêque aime visiter les musées.

a Mme Lafourcade
b Paul
c Danièle
d Marc
e Amina

alleràlapêchelireunbonlivrefairedelaplanchefairedesrandonnéesassisteràunmatchdefoot

Révision

1 Salut!

Salut!

Je me présente. Je m'appelle Malika et j'ai quatorze ans. J'habite à Bordeaux en France mais je suis antillaise – mes parents viennent des Antilles. J'ai les cheveux longs et bruns et les yeux bruns.

J'aime nager et faire de la planche. J'aime aussi écouter de la musique. J'ai beaucoup de CD.

J'ai un frère qui s'appelle Vincent qui a onze ans et une sœur Myriam qui a seize ans. Mon frère aime aller au stade et assister aux matchs de football – il est supporter de Bordeaux. Ma sœur aime jouer au volley – elle est très sportive. Elle adore aussi aller aux parcs d'attractions.

Je voudrais avoir un correspondant. Écris-moi!

Salut!

Malika

1a Lis la lettre et regarde les symboles. C'est qui?
Read the letter and look at the symbols. Who is it?

a _____

b _____

c _____

d _____

e _____

f _____

g _____

h _____

i _____

1 Salut!

1b Écris les mots ou les phrases qui indiquent a–i.
Write words or phrases to match pictures a–i.

Exemple:

a J'aime nager.

b _____

c _____

d _____

e _____

f _____

g _____

h _____

i _____

2 Vrai (✓) ou faux (✗) ?
True or false?

a Malika est française. ☐
b Elle a les cheveux courts. ☐
c Elle a 14 ans. ☐
d Son frère a 12 ans. ☐
e Sa sœur a 16 ans. ☐
f Malika aime écouter des CD. ☐
g Vincent aime regarder le volley. ☐
h Myriam n'aime pas aller aux parcs d'attractions. ☐

Grammaire 1

Verbs with *je*

1a Complète les phrases et fais les mots croisés.
Complete the sentences and do the crossword.

Crossword down: IRLANDAIS

1 Je ——— mes devoirs.
2 Je ——— à la maison.
3 Je m' ——— Julien.
4 Je ——— en ville.
5 Je ——— un burger.
6 Je ——— la télé.
7 J' ——— quatorze ans.
8 Je ——— un bon film.
9 Je ——— français.

Word box: appelle, vois, suis, ai, reste, mange, vais, fais, regarde

1b Relie les phrases (1–9) aux images (a–i).
Match the sentences (1–9) to the pictures (a–i).

Grammaire 2

Verbs with *il/elle*

1 Complète avec le bon verbe. *Complete with the correct verb.*

Voici mon copain. Il _____ Victor.
Il _____ 14 ans. Il _____ les cheveux blonds et courts. Il _____ au Canada.
Il _____ canadien.

Pendant son temps libre il _____ au volley, il _____ du vélo et il _____ de la guitare.

Le samedi, il _____ en ville. Il _____ au McDo et il _____ un burger.

Le dimanche, il _____ à la maison et il _____ ses devoirs. Quelquefois, il _____ la télé.

joue   est   fait   mange   a   reste   va
a   regarde   va   s'appelle   habite   fait   joue

2 Complète avec le bon infinitif. *Complete with the correct infinitive.*

1 Tu aimes _____ à la plage?
   Non, je n'aime pas _____.
2 Tu aimes _____ à la montagne?
   Oui, j'adore _____ des randonnées.
3 Tu aimes _____ au stade?
   Oui, j'adore _____ aux matchs de football.
4 Tu aimes _____ à la maison?
   Oui, j'aime bien _____ un bon livre.
5 Tu aimes _____ au lac?
   Oui, j'aime bien _____ à la pêche.

aller   faire   aller   aller   rester   nager   aller   lire   aller   assister

Que sais-je?

1 Salut!

I can…

- *say what I am called*   Je m'appelle _____
- *say how old I am*   J'ai _____ ans.
- *say where I live*   J'habite à _____ en/au
  _____

- *say what nationality I am*   Je suis _____
- *say what I look like*   J'ai les cheveux _____
  J'ai les yeux _____

- *say what brothers and sisters I have*   J'ai _____
  Je n'ai pas _____

- *say what one of my friends is called*   Il/Elle s'appelle _____
- *say how old he/she is*   Il/Elle a _____ ans.
- *say where he/she lives*   Il/Elle habite _____
- *say what brothers and sisters he/she has*   Il/Elle a _____ frère(s)
  et _____ sœur(s).

- *say three things I do at home*   Je _____
  _____
  _____

- *say where I go and what I do in the evening*   Je vais _____
  Je _____
- *say where I like to go*   J'aime aller _____
- *say I like to stay at home*   J'aime rester _____
- *say what I like to do*   J'aime _____
- *say what it is like*   C'est _____

2 Ma vie

1 Le matin (pages 26–27)

1 Pour chaque image trouve une phrase cachée dans la grille.
Find the hidden phrase for each picture.

A	J	E	M	E	D	O	U	C	H	E	Q	U	J	J	L
C	G	M	O	N	É	V	E	I	Z	L	A	S	E	E	F
G	M	J	E	M	'	H	A	B	I	L	L	E	A	B	M	J
D	J	E	M	E	R	É	V	E	I	L	L	E	O	A	E
J	E	M	E	L	A	V	E	L	E	S	M	A	I	N	S
W	È	I	P	O	J	U	Y	T	U	R	O	W	S	G	O
B	V	F	D	S	E	Z	J	E	M	E	L	È	V	E	R
J	E	M	E	L	A	V	E	L	E	S	D	E	N	T	S

2 Complète les blancs.
Fill in the gaps.

Je _____ à sept heures et je _____ tout de suite.

Je _____ et je _____. Je prends mon petit déjeuner à sept heures et demie. Je _____ des céréales et je  _____ un chocolat chaud. Puis je  _____ et je  _____ dans la salle de bains. Je  _____ à huit heures vingt.

EXTRA! Adapte le passage de l'activité 2 pour toi.
Adapt the paragraph in Activity 2 for yourself.

2 Se lever et se coucher (pages 28–29)

	Coralie	Simon	Nathalie	Amina	Youssouf	Kévin
(se lever)	7:15	6:30	7:00	9:00	6:50	7:30
(se coucher)	9:20	9:45	9:15	10:00	9:30	9:00

1 Regarde la grille et lis les phrases. C'est qui?
Look at the grid and read the sentences. Who is it?

a Je me lève à sept heures trente. _____
b Je me couche à vingt et une heures trente. _____
c Je me couche à vingt-deux heures. _____
d Je me lève à six heures cinquante. _____
e Je me lève à sept heures. _____
f Je me couche à vingt et une heures quinze. _____
g Je me lève à six heures trente. _____
h Je me couche à vingt et une heures quarante-cinq. _____

2 Relie les deux parties des phrases. *Match the sentence halves.*

a Nathalie se lève   à vingt et une heures. ☐
b Kévin se couche   à vingt-deux heures. ☐
c Coralie se couche   à six heures quarante-cinq. ☐
d Simon se lève   à sept heures quinze. ☐
e Amina se couche   à six heures trente. ☐
f Youssouf se lève   à vingt-deux heures quinze. ☐

2 Ma vie

3 Les clubs (pages 30–31)

a Karine: Je fais du judo mercredi à quatorze heures et je fais de la guitare samedi à dix heures.

b Myriam: Je fais de la danse mercredi à dix heures et je fais de la gymnastique à seize heures. Samedi, je fais du basket à douze heures.

c Hamid: Je fais du badminton mercredi à seize heures et je fais de la plongée samedi à quatorze heures.

d Thierry: Je fais de l'art dramatique mercredi à seize heures et je fais du rap samedi à seize heures.

1a Lis les bulles et regarde les images. C'est qui?
Read the speech bubbles and look at the pictures. Who is it?

a _____
b _____
c _____
d _____
e _____
f _____
g _____
h _____
i _____

1b Écris les heures à côté des images. *Write the times next to the pictures.*

2 Qu'est-ce que tu fais comme clubs? Écris une bulle pour toi.
What clubs do you belong to? Write your own speech bubble.

Exemple: Après le collège mercredi, je … . Le samedi, je …

_____
_____
_____

4 Qu'est-ce qu'on pourrait faire ce soir? (pages 32–33)

2 Ma vie

1 On pourrait faire quoi? Écris des phrases.
What can we do? Write some sentences.

Exemple: On pourrait <u>aller au concert</u>.

a _____
b _____
c _____
d _____
e _____
f _____

| écouter de la musique | aller au cinéma | aller à la piscine |
| aller au terrain de sports | faire du vélo | aller au club des jeunes |

2 Complète cette conversation. *Complete the dialogue.*

– Allô.

– Allô, Nadia, ici Jean-Luc. Tu veux sortir? On pourrait [CINÉMA] _____
_____?

– Je ne peux pas parce que _____
_____.

– Alors, on pourrait [radio] _____
_____?

– Je ne peux pas. _____
_____.

– OK. Je comprends. Je vais téléphoner à Sandrine. Salut!

– Un moment, un moment. On pourrait aller au cinéma …?

| je n'ai pas d'argent | j'ai trop de devoirs |

5 Ce soir … (pages 34–35)

1 **C'est quelle sorte de film? Trouve le code.**
   What sort of film is it? Find the code.

   a vo gjmn ef tdjfodf-gjdujpo _____
   b vo efttjo bojnf _____
   c vo gjmn ijtupsjrvf _____
   d vo gjmn e'bnpvs _____
   e vo gjmn e'bdujpo _____
   f vo gjmn fggsbzbou _____
   g vo gjmn bnvtbou _____

2 **Mets les mots dans le bon ordre pour faire un dialogue.**
   Put the words in the right order to make a dialogue.

   A Salut! soir qu'est-ce que vas ce tu faire? _____

   B Salut! cinéma vais je au. moi veux-tu avec venir? _____

   A bien veux oui je. vas qu'est-ce que voir tu? _____

   B voir Titanic vais je. _____
   A veux je bien oui. quelle c'est heure à? _____

   B dix-neuf à trente heures. _____
   A bon c'est. _____
   B retrouve se à quinze heures on dix-neuf, le devant cinéma. _____

   A à l'heure à bon tout. revoir au. _____
   B revoir au. _____

   EXTRA! À toi d'écrire un dialogue. Change le film, l'heure et où on se retrouve.
   Now it's your turn to write a dialogue. Change the film, the time and where to meet.

Révision

Une interview avec une jeune patineuse

- **Salut, Nadia! J'ai des questions pour toi. À quelle heure est-ce que tu te lèves le matin?**
- En général, à cinq heures. Je m'habille vite et je vais à la patinoire.
- **Et à quelle heure est-ce que tu prends le petit déjeuner?**
- Je prends le petit déjeuner quand je rentre chez moi, vers sept heures trente. Je mange des céréales et je bois du chocolat chaud. Puis je me douche.
- **Tu sors à quelle heure?**
- Je sors à sept heures cinquante pour aller au collège.
- **Et à quelle heure est-ce que tu te couches le soir?**
- Je me couche vers vingt heures quarante-cinq. Je suis très fatiguée le soir.
- **Tu vas à d'autres clubs?**
- Je fais de la danse mercredi – c'est très utile pour le patinage.
- **Et le samedi, que fais-tu?**
- Je vais à la patinoire où je fais du patin de quatorze heures jusqu'à dix-sept heures.
- **Aimes-tu aller au cinéma?**
- Oui, j'adore le cinéma.
- **Aimes-tu les films de science-fiction?**
- Oui, c'est génial.
- **Et les films d'amour?**
- Non, pas tellement. Ce n'est pas intéressant.
- **Alors, merci bien, Nadia.**

la patinoire = skating rink

1 Numérote les images dans l'ordre mentionné.
Number the pictures in the order mentioned.

a b c d e f g h

2 Ma vie

2 Lis l'interview. Vrai (✓) ou faux (✗)? *Read the interview. True or false?*

a Nadia se lève à 5h00 le matin. ☐
b Elle prend le petit déjeuner tout de suite. ☐
c Elle va à la patinoire le matin. ☐
d Elle mange du pain au petit déjeuner. ☐
e Elle sort à 7h50. ☐
f Elle fait de la danse mercredi. ☐
g Elle fait quatre heures de patinage le samedi. ☐
h Elle aime les films d'amour. ☐

3 À toi! Réponds à ces questions. *Your turn now! Answer these questions.*

À quelle heure est-ce que tu te lèves le matin?
_____

Et à quelle heure est-ce que tu prends le petit déjeuner?
_____

Tu sors à quelle heure?
_____

Et à quelle heure est-ce que tu te couches le soir?
_____

Tu vas à quels clubs?
_____

Aimes-tu aller au cinéma?
_____

Aimes-tu les films de science-fiction?
_____

Aimes-tu les films d'amour?
_____

Grammaire 1

Reflexive verbs

1 Écris une phrase pour chaque image. Choisis un élément de chaque colonne. *Write a sentence for each picture. Choose one phrase from each column.*

1	2
me lave	à quelle heure?
me douche	à six heures trente.
se couche	à six heures du matin.
me réveille	dans la chambre.
se lève	à sept heures quinze.
m'habille	à vingt-trois heures.
se lève	à sept heures.
te couches	dans la salle de bains.

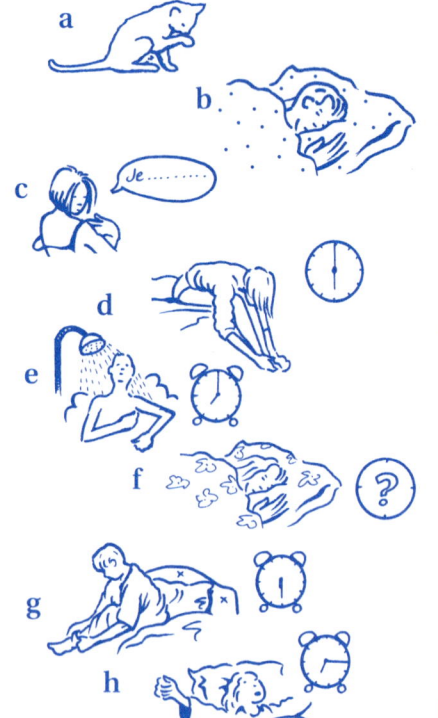

a Je _____

b Il _____

c Je _____

d Elle _____

e Je _____

f Tu _____

g Il _____

h Je _____

2 Écris encore quatre phrases avec les verbes de la colonne 1.
Write another four sentences with the verbs in column 1.

Exemple: Je me réveille à six heures trente.

_____
_____
_____
_____

Grammaire 2

1 Relie les heures et les phrases. *Match the times and the sentences.*

1. 21:50
2. 17:30
3. 16:55
4. 18:45
5. 23:20
6. 20:15

a Il est dix-huit heures quarante-cinq. ☐
b Il est vingt heures quinze. ☐
c Il est vingt et une heures cinquante. ☐
d Il est dix-sept heures trente. ☐
e Il est seize heures cinquante-cinq. ☐
f Il est vingt-trois heures vingt. ☐

2 Il est quelle heure? *What time is it?*

a 16:30 _____
b 17:45 _____
c 20:50 _____
d 18:20 _____
e 21:15 _____
f 23:55 _____

3 Écris une phrase pour chaque image. Choisis un élément de chaque colonne. *Write a sentence for each picture. Choose one phrase from each column.*

On pourrait	aller regarder jouer écouter faire aller	au tennis ? de la musique ? à la piscine ? la télévision ? du vélo ? au café ?

Rappel
On pourrait … (We could …) is always followed by another verb.

a _____
b _____
c _____
d _____
e _____
f _____

Que sais-je?

2 Ma vie

I can …

- say five things I do in the morning
  Je me _____
  _____
  _____
  _____
  _____

- say what time I get up
  Je me lève à _____ heures.
- say what time I go to bed
  Je me couche à _____
- use the 24-hour clock
  1 pm _____ 13h00
  7 pm _____ 19h00
  8 pm _____ 20h00
  9 pm _____ 21h00
  10 pm _____ 22h00

- say what club I go to
  Je vais à un cours de _____
- say I don't do anything
  Je ne _____
- discuss with a friend what we could do
  On pourrait aller _____
- say what I cannot do
  Je ne peux pas _____
- say why
  parce que je _____
- say I am going to the cinema
  Je vais _____
- say what I'm going to see
  Je vais voir _____
- ask if someone wants to come with me
  Veux-tu _____?
- say where we're going to meet
  On se retrouve _____
- say when we're going to meet
  On se retrouve à _____
- say what sort of film it is
  C'est un _____
- say what the film is like
  C'est _____

3 Famille et copains

1 Ma famille (pages 46–47)

1 Complète l'arbre généalogique d'Aurélie.
Write in the names and ages on Aurélie's family tree.

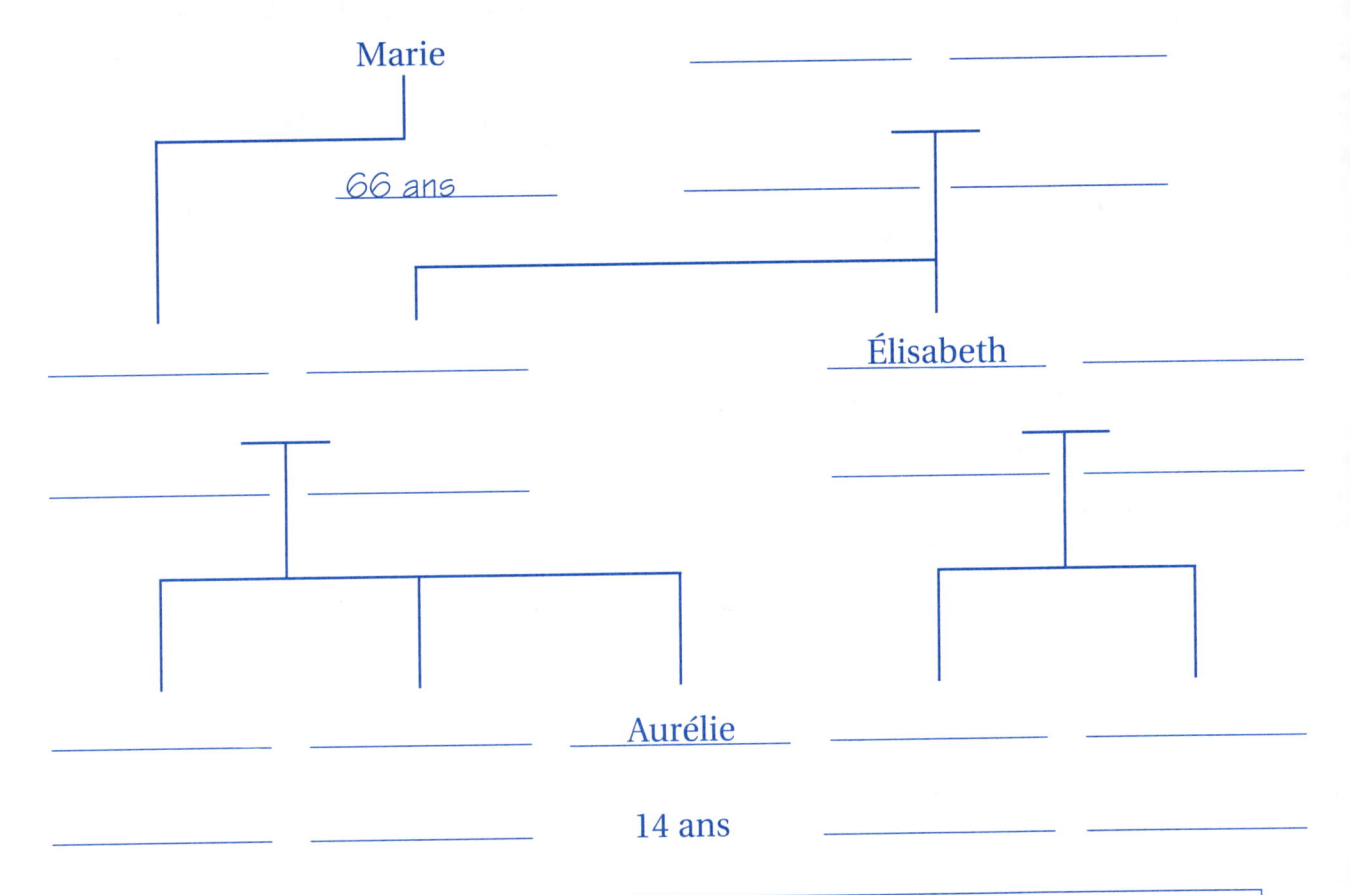

Marie
66 ans
Élisabeth
Aurélie
14 ans

Je m'appelle Aurélie et j'ai quatorze ans. J'ai deux frères, Luc et Nicolas. Luc a dix-huit ans et Nicolas a quinze ans. Ma mère s'appelle Isabelle et elle a quarante-six ans et mon père s'appelle Jean et il a cinquante ans. Ma grand-mère habite aussi avec nous. Elle s'appelle Marie et elle a soixante-six ans. Mon grand-père est mort. Ma grand-mère du côté de notre père s'appelle Agathe et elle a soixante-douze ans. Mon grand-père, Pierre, a soixante-dix-neuf ans. J'ai aussi une tante qui s'appelle Élisabeth et un oncle qui s'appelle Claude. Ma tante a quarante-sept ans et mon oncle a quarante-six ans. J'ai deux cousins, Nathalie qui a seize ans et Thierry qui a quatorze ans comme moi.

18 ans   46 ans   16 ans   15 ans   50 ans   47 ans   72 ans   79 ans   46 ans

EXTRA! Imagine: dans ta famille tu as une mère, un père, un frère, une sœur et une grand-mère. Écris des phrases avec leurs noms et leurs âges.
Imagine that you have a mother, father, brother, sister and grandmother in your family. Write sentences with their names and ages.

3 Famille et copains

2 Je mesure (pages 48–49)

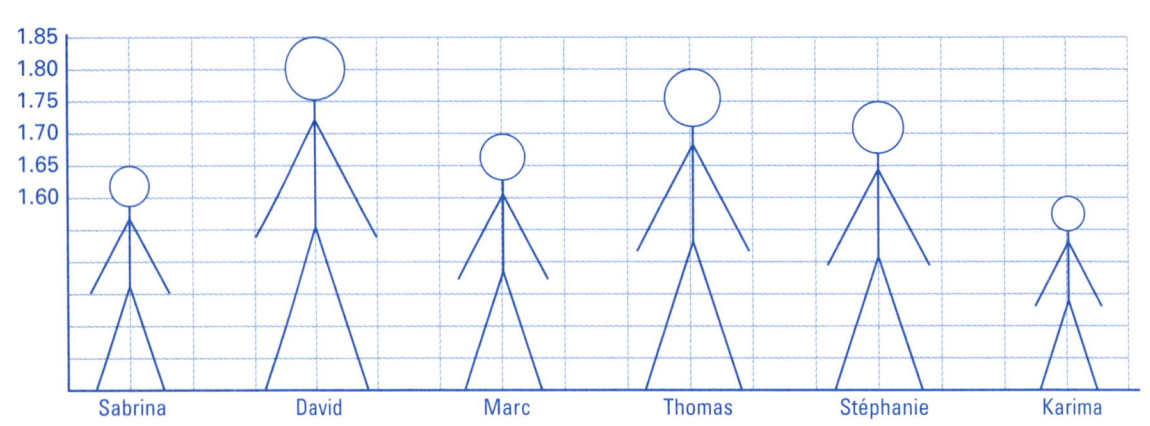

[Graph showing heights: Sabrina ~1.62, David 1.80, Marc ~1.66, Thomas 1.75, Stéphanie ~1.70, Karima ~1.60]

1 Regarde le graphique. Qui … *Look at the graph. Who is it …?*

a mesure un mètre quatre-vingts? _____

b mesure un mètre soixante? _____

c mesure un mètre soixante-quinze? _____

d mesure un mètre quatre-vingt-cinq? _____

e mesure un mètre soixante-cinq? _____

f mesure un mètre soixante-dix? _____

2a Vrai (✓) ou faux (✗)? *True or false?*

a David est plus petit que Thomas. ☐

b Sabrina est plus petite que Stéphanie. ☐

c Marc est plus petit que Thomas. ☐

d Stéphanie est plus petite que Karima. ☐

e David est plus grand que Sabrina. ☐

f Marc est plus grand que Thomas. ☐

g Stéphanie est plus grande que David. ☐

h Karima est plus petite que Sabrina. ☐

2b Complète ces phrases. *Complete these sentences.*

a David est plus ——————— que Thomas.

b Marc est plus ——————— que Stéphanie.

c Karima est ——————— petite ——————— Marc.

d Sabrina est ——————— ——————— que Karima.

3 La tête (pages 50–51)

1 **Qu'est-ce que c'est?** *What is it?*

a  _____   b _____

c  _____   d _____

e 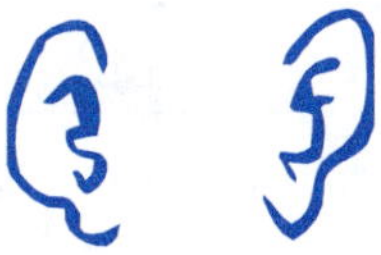 _____   f  _____   g _____

| les oreilles les lèvres les cheveux les dents les sourcils les yeux le nez |

2 **C'est quel produit?** *Which product is it?*

a C'est pour protéger la peau du soleil. ☐
b C'est pour avoir les cheveux plus lisses. ☐
c C'est pour avoir les dents plus blanches. ☐
d C'est pour avoir les yeux plus beaux. ☐
e C'est pour avoir les lèvres moins sèches. ☐
f C'est pour avoir la peau moins sèche. ☐

1 la crème hydratante 
2 le dentifrice
3 le gel pour les lèvres
4 le mascara 
5 le shampooing
6 la crème solaire

3 *Famille et copains*

25

3 Famille et copains

4 Le corps (pages 52–53)

1 **Trouve les dix-sept mots dans la grille.**
   Find seventeen words in the wordsearch.

J	U	F	E	D	T	P	L	Y	P	A	A
A	L	T	R	C	H	E	V	E	U	X	N
P	È	S	L	Z	Q	A	N	U	Q	V	G
K	V	M	P	H	A	U	K	X	J	U	L
O	R	E	I	L	L	E	S	I	Y	H	E
N	E	Z	L	A	I	D	O	I	G	T	T
B	S	S	D	N	C	O	U	J	S	V	E
G	U	P	Q	G	Z	B	R	A	S	L	R
F	R	A	N	U	E	F	E	M	A	I	N
P	G	G	U	E	M	É	C	B	S	T	E
O	U	N	É	P	A	U	L	E	S	Ê	H
L	A	E	D	E	N	T	S	D	E	T	C
G	E	N	O	U	R	F	D	P	I	E	D
L	A	E	S	E	L	A	F	D	E	B	C

2 **Complète les étiquettes et colorie le chat.**
   Fill in the labels and colour in the cat.

Voici mon chat. Il est petit. Il a le poil blanc et noir. Il a quatre pattes, une longue queue blanche, les oreilles noires, la tête blanche et les yeux verts.

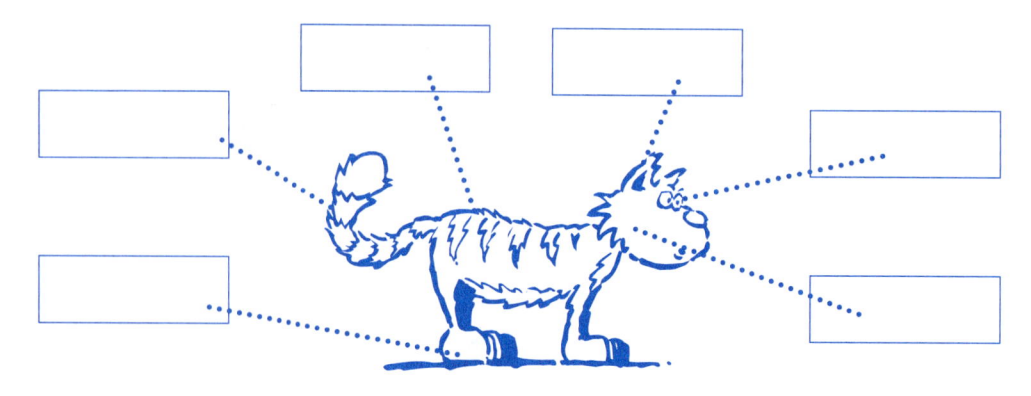

Métro 2 © Heinemann Educational 2000

3 Famille et copains

5 J'ai mal (pages 54–55)

1a Complète les mots avec des voyelles (a, e, i, o, u) pour trouver les problèmes. *Fill in the missing vowels to find the problems.*

a J'_ _ m_l _ l_ g_rg_
b J'_ _ m_l _ l_ t_t_
c J'_ _ m_l _ _x d_nts
d J'_ _ ch_ _d
e J'_ _ m_l _ _ v_ntr_
f J'_ _ fr_ _d
g J'_ _ m_l _ _x _r_ _ll_s
h J'_ _ m_l _ _x p_ _ds
i J'_ _ d_ l_ f_ _vr_
j J_ t_ _ss_

1b Relie les phrases aux images.
Match the sentences to the pictures.

1 ☐   2 ☐
3 ☐   4 ☐
5 ☐   6 ☐
7 ☐   8 ☐
9 ☐   10 ☐

Révision 1

3 Famille et copains

Salut Daniel!

Mon prof d'anglais m'a donné ton adresse.

Je me présente. Je m'appelle Philippe Rolland et j'ai treize ans. J'habite à Aulnay, c'est une petite ville.

J'ai deux sœurs, un demi-frère et une demi-sœur. J'habite avec ma mère, mon beau-père et mes deux sœurs. Mes sœurs s'appellent Audrey et Nathalie. Audrey a quinze ans et Nathalie a neuf ans. Mon demi-frère, Kévin, a cinq ans et ma demie-sœur, Juliette, a trois ans. Ils habitent à cinq minutes avec notre père et leur mère. Nous avons un chat, Chichi, et un hamster, Charlie.

Écris-moi bientôt.

Philippe

1 Lis la lettre. Écris une liste de tous les membres de la famille de Philippe.
Read the letter, then write a list of all the people in Philippe's family.

_____ _____

_____ _____

_____ _____

_____ _____

2 Qui: *Who:*

a a 15 ans? _____

b a 9 ans? _____

c s'appelle Charlie? _____

d a deux sœurs? _____

e a 5 ans? _____

f s'appelle Chichi? _____

g habite à Aulnay? _____

h est le demi-frère de Philippe? _____

i a 3 ans? _____

j a 13 ans? _____

Révision 2

À la pharmacie

1 **Remplace les images par des phrases.**
   Replace the pictures with sentences.

   – Bonjour, monsieur.

   – Bonjour, mademoiselle. Vous désirez?

   _____

   _____

   _____

   _____

   _____

   _____

   _____ C'est tout?

   – Oui, merci, monsieur.

   – Au revoir, mademoiselle.

J'ai des pastilles pour la gorge.   Je tousse aussi.
Et j'ai mal aux oreilles aussi.   Voilà des comprimés.   Voici du sirop.
J'ai mal à la tête.   Voici de l'aspirine.   Et j'ai mal à la gorge.

---

2 **Écris une conversation à la pharmacie.**
   Write a conversation at the chemist's.

   J'ai mal au ventre.

   J'ai de la fièvre.

Grammaire 1

3 *Famille et copains*

Possessive adjectives

1 **Complète les mots croisés avec le bon adjectif possessif.**
   Complete the crossword with the correct possessive adjective.

   mon/ma/mes
   ➡
   2 ... frères
   6 ... chat
   8 ... mère

   ⬇
   2 ... tante
   6 ... sœurs
   8 ... grands-parents

   ton/ta/tes
   ➡
   1 ... chien
   5 ... trousse
   7 ... parents

   ⬇
   1 ... demi-sœur
   5 ... grand-père
   7 ... cousins

   son/sa/ses
   ➡
   4 ... sœur
   9 ... frères
   11 ... oncle
   12 ... grand-mère

   ⬇
   3 ... sac
   10 ... cousins

Grammaire 2

Comparatif

1 **Coche (✓) la bonne réponse.** *Tick (✓) the correct answer.*

1 **Est-ce qu'une souris est plus petite qu'un éléphant?**
   a   Oui, une souris est plus petite qu'un éléphant. ☐
   b   Non, une souris est plus grande qu'un éléphant. ☐

2 **Est-ce qu'un homme est plus grand qu'un bébé?**
   a   Non, un bébé est plus grand qu'un homme. ☐
   b   Oui, un homme est plus grand qu'un bébé. ☐

3 **Est-ce qu'une girafe est plus petite qu'un chat?**
   a   Oui, une girafe est plus petite qu'un chat. ☐
   b   Non, une girafe est plus grande qu'un chat. ☐

4 **Est-ce que ton père est plus grand que toi?**
   a   Oui, mon père est plus grand que moi. ☐
   b   Non, je suis plus grand(e) que mon père. ☐

5 **Est-ce que ta mère est plus petite que toi?**
   a   Non, ma mère est plus grande que moi. ☐
   b   Oui ma mère est plus petite que moi. ☐

6 **Est-ce que ton collège est plus petit que ta maison?**
   a   Oui, mon collège est plus petit que ma maison. ☐
   b   Non, mon collège est plus grand que ma maison. ☐

7 **Est-ce que ton prof de français est plus intelligent que toi?**
   a   Oui, mon prof de français est plus intelligent que moi. ☐
   b   Non, je suis plus intelligent(e) que mon prof de français. ☐

8 **Est-ce qu'une ville est plus grande qu'un village?**
   a   Non, une ville est plus petite qu'un village. ☐
   b   Oui, une ville est plus grande qu'un village. ☐

Que sais-je?

3 Famille et copains

I can ...

- *name my relations*

  mon _____
  _____
  _____

  ma _____
  _____
  _____

  mes _____
  _____
  _____

- *say what a relative is called* Il s'appelle _____
- *say how old a relative is* Elle a _____ ans

- *say how tall I am* Je mesure _____
- *say who is taller than (me)* _____ est plus grand(e) que (moi)
- *say who is the tallest* _____ est le/la plus grand(e)
- *say who is the smallest* _____ est le/la plus petit(e)

- *name five parts of the face*
  _____
  _____
  _____
  _____
  _____

- *name five parts of the body*
  _____
  _____
  _____
  _____
  _____

- *say what is wrong with me* J'ai mal _____
- *say I'm hot* J'ai _____
- *say I'm cold* J'ai _____

4 À table!

1 Le petit déjeuner (pages 66–67)

	🥣	🥐	🥖	🍯	🍌	🥛	🍶	🍲
Martin								
Mireille								
Paul								
Valérie								
Sonia								
Mehmet								
Moi								

1 Lis les bulles et coche (✓) les choses qu'ils mangent.
Read the speech bubbles and tick the things they eat.

a Martin: Au petit déjeuner, je mange du pain, un fruit et je bois un jus d'orange.

b Mireille: Au petit déjeuner, je mange un croissant, une banane et je bois du lait.

c Paul: Pour le petit déjeuner, je prends des céréales, du pain avec de la confiture et je bois un chocolat chaud.

d Valérie: Au petit déjeuner, je mange des céréales, du pain et je bois un jus d'orange.

e Sonia: Le matin, je mange du pain avec de la confiture et je bois du lait.

f Mehmet: Le matin, je mange un croissant, du pain et je bois du chocolat chaud.

2 Complète la grille pour toi et écris une bulle.
Fill in the grid about yourself and then write a speech bubble.

Au petit déjeuner, je _____

_____

_____

33

4 À table!

2 Le déjeuner (pages 68–69)

1 Retrouve les dix-sept mots cachés dans la grille.
Find the 17 hidden words.

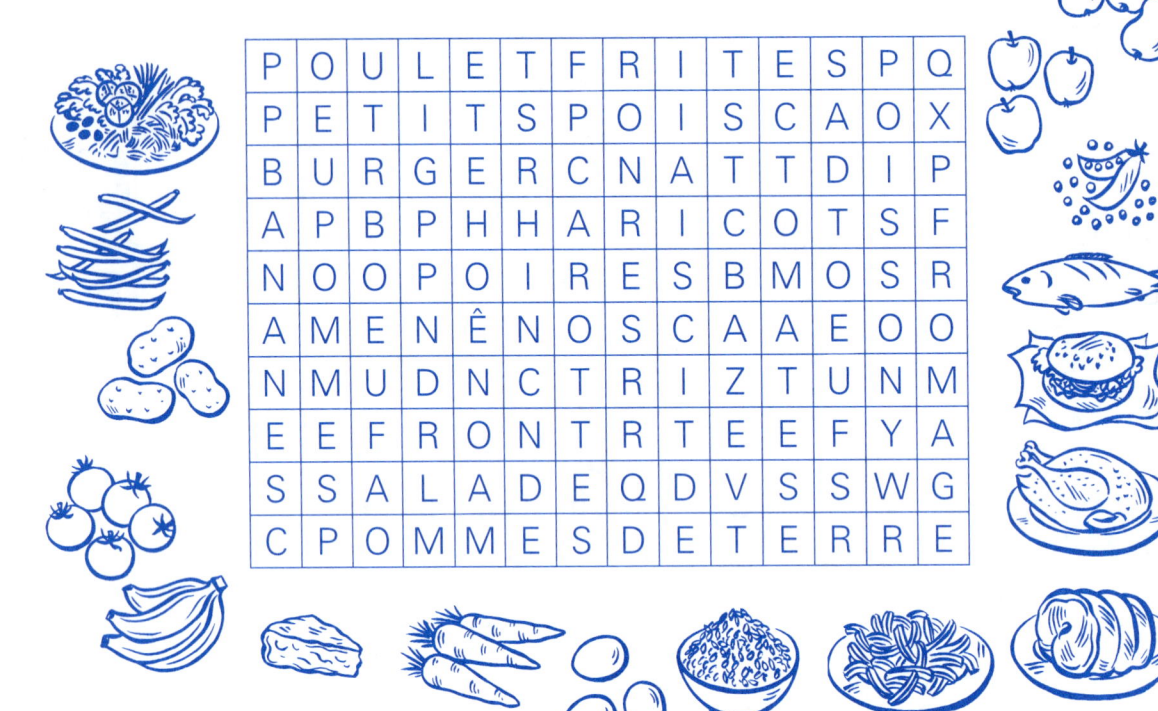

P	O	U	L	E	T	F	R	I	T	E	S	P	Q
P	E	T	I	T	S	P	O	I	S	C	A	O	X
B	U	R	G	E	R	C	N	A	T	T	D	I	P
A	P	B	P	H	H	A	R	I	C	O	T	S	F
N	O	O	P	O	I	R	E	S	B	M	O	S	R
A	M	E	N	Ê	N	O	S	C	A	A	E	O	O
N	M	U	D	N	C	T	R	I	Z	T	U	N	M
E	E	F	R	O	N	T	R	T	E	E	F	Y	A
S	S	A	L	A	D	E	Q	D	V	S	S	W	G
C	P	O	M	M	E	S	D	E	T	E	R	R	E

2a C'est quel plat?
Which dish is it?

a Je préfère un burger avec des frites et de la salade.

b Je préfère le poulet avec des carottes, des tomates et des pommes de terre.

c Je préfère le poisson, la salade et des petits pois.

2b Qu'est-ce que tu préfères au déjeuner? *What do you prefer for lunch?*

Je préfère ...

4 À table!

3 On fait les courses (pages 70–71)

1 **C'est quel fruit ou légume? Trouve le code.**
   Which fruit or vegetable is it? Find the code.

   a 12 5 19   2 1 14 1 14 5 19 _____

   b 12 5 19   15 18 1 14 7 5 19 _____

   c 12 5 19   1 21 2 5 18 7 9 14 5 19 _____

   d 12 5 19   3 15 21 18 7 5 20 20 5 19 _____

   e 12 5 19   16 15 13 13 5 19 _____

   f 12 5   3 8 15 21 _____

   g 12 5 19   15 9 7 14 15 14 19 _____

   h 12 5 19   3 1 18 15 20 20 5 19 _____

   i 12 5 19   20 15 13 1 20 5 19 _____

   j 12 5 19   16 15 13 13 5 19   4 5   20 5 18 18 5 _____

1	2	3	4	5	7	8	9	12	13	14	15	16	18	19	20	21

2 **Écris les prix sur les étiquettes.**
   Write the prices on the labels.

   Offres spéciales! (Prix le kilo)

   Pommes: cinq francs quatre-vingt-quinze

   Courgettes: vingt francs cinquante

   Poires: huit francs quatre-vingts

   Bananes: neuf francs quatre-vingt-cinq

   Carottes: quatre francs soixante

   Pommes de terre: quatre francs soixante-quinze

   Tomates: dix francs soixante-dix

   7 F 50

4 Les magasins (pages 72–73)

1 Trouve une expression pour chaque article.
Find a phrase for each product.

a _____
b _____
c _____
d _____
e _____
f _____
g _____
h _____

Word snake contents: un paquet de chips / un pot de yaourt / une boîte de sardines / une boîte de confiture / une bouteille d'eau minérale / deux cent cinquante grammes de fromage / un pot de pâté / un tube de purée de tomates / un paquet de biscuits

2 Complète ce dialogue.
Complete this dialogue.

– Bonjour, madame. Vous désirez?

– Bonjour, monsieur. Je voudrais _____
_____

– Et avec ça?
_____

– Voilà, madame, c'est tout?

– Non. Avez-vous _____
et _____?

– Voilà, C'est tout?

– Oui, merci, c'est tout. Je vous dois combien?

– Ça fait 250 francs, madame.

– Voilà. Merci, monsieur. Au revoir.

| du fromage |
| un paquet de mouchoirs en papier |

EXTRA! À toi! Écris une conversation. Change les articles.
Your turn! Write a conversation. Change the products.

4 À table!

5 Le snack (pages 74–75)

Menu à 65F

Petite salade verte

Lasagnes maison
ou
Tagliatelles aux champignons

Glace (vanille, fraise ou chocolat)

Menu à 75F

Soupe à l'oignon *ou* pâté maison

Spaghetti bolognaise
ou
Poisson du jour

Crème caramel *ou* Mousse au chocolat

Menu à 95F

Pâtes aux champignons ou salade

Steak avec pommes de terre
ou Poulet rôti

Tarte aux fraises
ou Fromages assortis

1 **C'est quel menu?** *Which menu is it?*

a   Menu à _____ F

b   Menu à _____ F

c   Menu à _____ F

2 **Choisis un menu et complète ce dialogue.**
Choose a menu and complete this dialogue.

– Bonjour. Vous avez choisi?

– Oui, monsieur. Je voudrais le menu à _____ francs.

– Alors, comme entrée?

– Je voudrais _____ s'il vous plaît.

– Et après?

– _____.

– Et pour le dessert?

– Je voudrais _____.

– Vous voulez une boisson?

– Oui, _____.

Métro 2 © Heinemann Educational 2000

37

Révision 1

1 Écris les mots dans la bonne liste. *Write the words in the correct list.*

Marché (fruits et légumes)	Boulangerie	Supermarché Boissons/Alimentation	Boucherie/Charcuterie

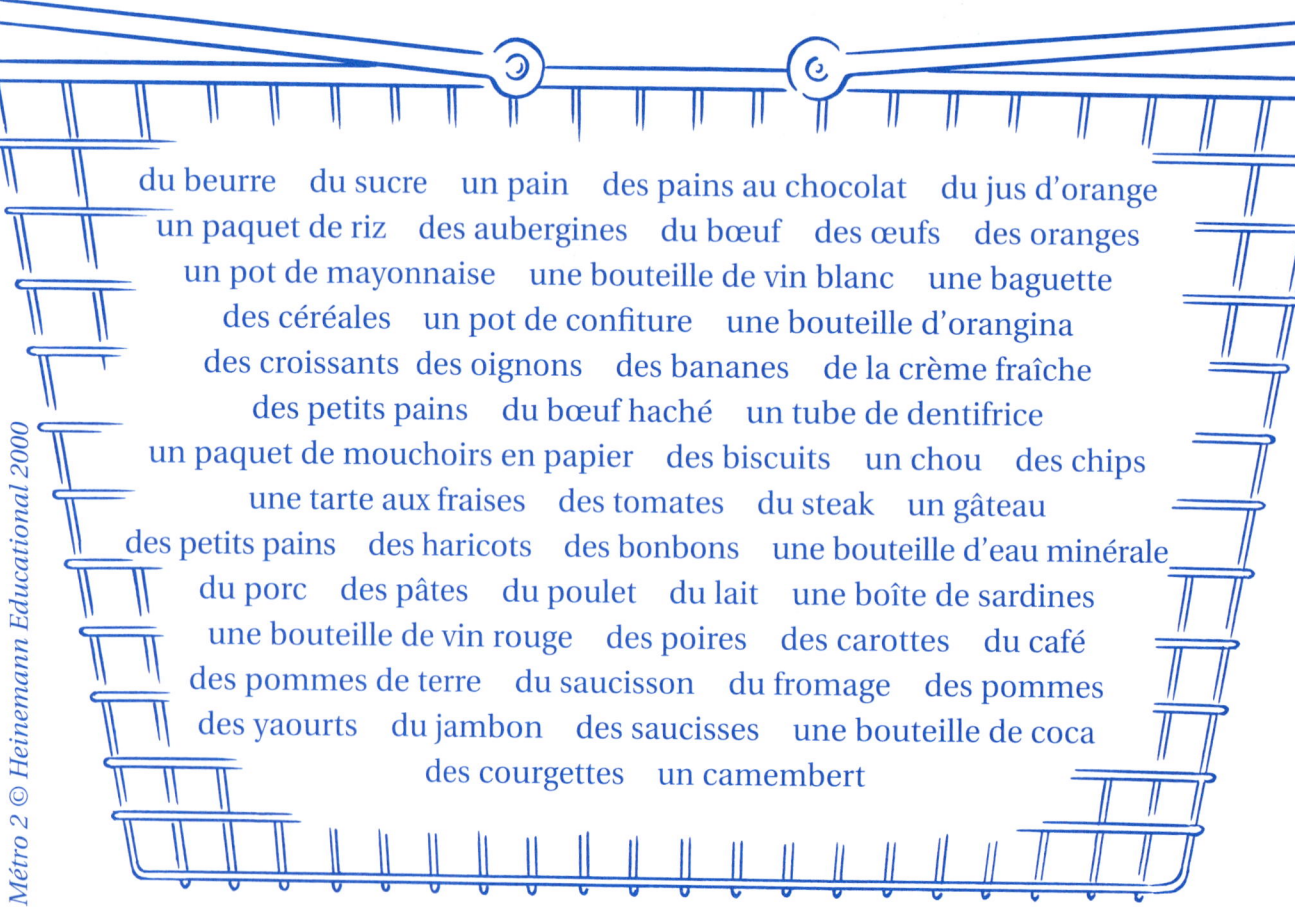

du beurre   du sucre   un pain   des pains au chocolat   du jus d'orange
un paquet de riz   des aubergines   du bœuf   des œufs   des oranges
un pot de mayonnaise   une bouteille de vin blanc   une baguette
des céréales   un pot de confiture   une bouteille d'orangina
des croissants   des oignons   des bananes   de la crème fraîche
des petits pains   du bœuf haché   un tube de dentifrice
un paquet de mouchoirs en papier   des biscuits   un chou   des chips
une tarte aux fraises   des tomates   du steak   un gâteau
des petits pains   des haricots   des bonbons   une bouteille d'eau minérale
du porc   des pâtes   du poulet   du lait   une boîte de sardines
une bouteille de vin rouge   des poires   des carottes   du café
des pommes de terre   du saucisson   du fromage   des pommes
des yaourts   du jambon   des saucisses   une bouteille de coca
des courgettes   un camembert

Révision 2

1 Réponds aux questions.
Answer the questions.

a Qu'est-ce que tu manges au petit déjeuner?
Je mange ....

b Et qu'est-ce que tu bois?
Je bois ....

c Qu'est-ce que tu manges au déjeuner?
Je mange ....

d Et qu'est-ce que tu bois?
Je bois ....

e Quels fruits est-ce que tu aimes?
J'aime ....

f Quels légumes est-ce que tu aimes?
J'aime ....

g Qu'est-ce que tu aimes manger au restaurant comme entrée?
J'aime manger .... comme entrée

h Qu'est-ce que tu aimes manger comme plat principal?
J'aime manger ....

i Qu'est-ce que tu aimes boire?
J'aime boire ....

j Qu'est-ce que tu aimes comme dessert?
Comme dessert, j'aime ....

Grammaire 1

Du, de la, des

1 Écris ces mots dans la bonne liste.
Write these words in the correct list.

> **Rappel**
> Remember the different ways of saying 'some':
> | masculine | feminine | plural |
> |---|---|---|
> | du (*or* de l') | de la (*or* de l') | des |

Du (de l')	De la (de l')	Des

beurre   sucre   vin
coca   orangina
oranges   viande
soupe   salade
carottes   poisson
eau   pain   céréales
confiture   café   fruits
lait   jus d'orange
pain grillé   frites
sandwichs   poulet
chips   pommes   gâteau
chocolat   crème fraîche
biscuits   croissants
pommes de terre

2 Complète les phrases.

a   Je voudrais _____, _____, et _____, _____, s'il vous plaît.

b   Avez-vous _____, _____, et _____, _____, s'il vous plaît?

c   Je voudrais _____, _____, et _____, _____, s'il vous plaît.

d   Avez-vous _____? Je voudrais aussi, _____, s'il vous plaît.

e   Je voudrais _____, et _____, s'il vous plaît.

4 À table!

Grammaire 2

1 Écris une quantité pour chaque article. Choisis un élément de chaque colonne. *Write a quantity for each product. Choose something from each column.*

un kilo cinq cent grammes deux cent cinquante grammes une boîte un paquet un tube un pot une bouteille	de d'	mouchoirs en papier purée de tomates tomates fromage chips biscuits confiture oranges eau minérale pommes vin

a _____
b _____
c _____
d _____
e _____
f _____
g _____
h _____
i _____
j _____
k _____

2 Écris encore cinq phrases avec des quantités.
Write another five sentences with quantities.

_____
_____
_____
_____
_____

Que sais-je?

I can …

- say what I eat for breakfast   **Je mange** _____
- say what I drink for breakfast   **Je bois** _____
- say I don't eat anything   **Je ne** _____
- say I don't drink anything   **Je ne** _____
- ask someone what they eat   _____
- ask someone what they drink   _____

- name five things I sometimes eat for lunch   _____
  _____
  _____

- say what someone eats   **Il mange** _____
- say what someone doesn't eat   **Elle ne mange pas** _____

- name five things I would buy from a fruit and vegetable shop   _____
  _____
  _____

- say how much I would like   **Je voudrais** _____
  _____

- name five kinds of shop   _____
  _____
  _____
  _____

- say five things I might buy   **une boîte de** _____
  _____
  _____
  un paquet de _____
  _____

- say what I would like to eat and drink in a restaurant   **Je voudrais** _____
  _____

4 À table!

5 Une semaine à Paris

1 L'invitation (pages 86–87)

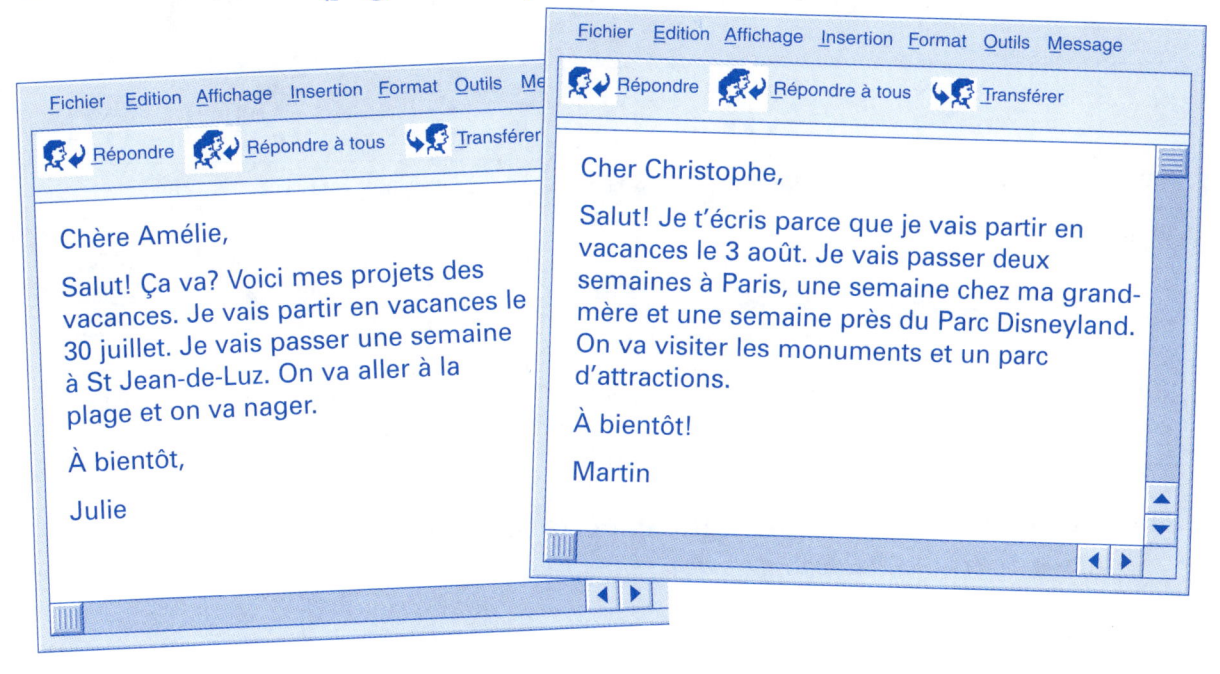

Chère Amélie,

Salut! Ça va? Voici mes projets des vacances. Je vais partir en vacances le 30 juillet. Je vais passer une semaine à St Jean-de-Luz. On va aller à la plage et on va nager.

À bientôt,

Julie

Cher Christophe,

Salut! Je t'écris parce que je vais partir en vacances le 3 août. Je vais passer deux semaines à Paris, une semaine chez ma grand-mère et une semaine près du Parc Disneyland. On va visiter les monuments et un parc d'attractions.

À bientôt!

Martin

1 C'est qui, Julie ou Martin?
Who is it, Julie or Martin?

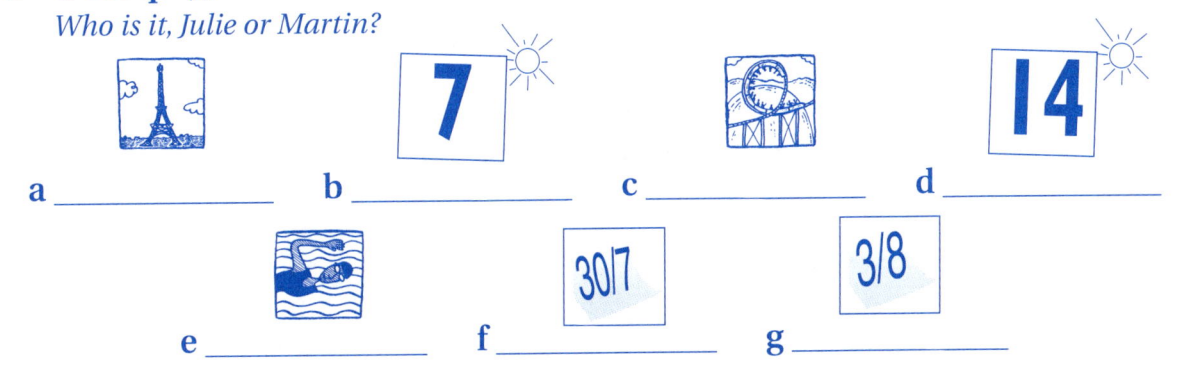

a _____ b _____ c _____ d _____

e _____ f _____ g _____

2 Complète la grille pour Julie et Martin. *Fill in the grid for Julie and Martin.*

	Julie	Martin
Où?		
Quand?		
Pour combien de temps?		
Activités en vacances?		

Métro 2 © Heinemann Educational 2000

43

5 Une semaine à Paris

2 On va à Paris (pages 88–89)

	⚀	⚁	⚂	⚃	⚄	⚅
Où?	à Paris	en France	en Espagne	aux États-Unis	en Grèce	en Écosse
Transport?	train	voiture	bus	vélo	avion	train
C'est comment?	rapide	intéressant	pratique	confortable	moins cher	fatigant

1a Lance un dé pour chaque ligne et écris une phrase.
Throw a dice for each line and write a sentence.

Exemple: Je vais ⚀ (à Paris) ⚄ (en avion) parce que c'est ⚄ (moins cher).

_____

1b Répète encore deux fois et écris des phrases.
Repeat twice and write sentences.

_____

_____

2 Tu as lancé ces dés. Écris des phrases.
You have thrown these numbers. Write the sentences.

a ⚅ ⚃ ⚄ _____

b ⚁ ⚄ ⚁ _____

c ⚂ ⚅ ⚀ _____

d ⚀ ⚂ ⚃ _____

5 Une semaine à Paris

3 À Paris (pages 90–91)

1a Suis le code pour trouver le message.
Follow the code to discover the message.

1000 *Je*	69	123	652	150
1977	230	2000	450	500
630	760	175	75	40
85	110	340	1500	460
567	89	99	911	120

quatre-vingt-neuf	vaà	neuf cent onze	urEi	quatre-vingt-dix-neuf	lato
cent vingt-trois	àPar	cent dix	drale	deux cent trente	allo
quatre cent cinquante	erl'Arc	mille neuf cent soixante-dix-sept	innous	cinq cent soixante-sept	dion
cent cinquante	Cemat			soixante-quinze	usall
sept cent soixante	cetaprès-	mille	Je	six cent trente	pheet
trois cent quarante	Not	mille cinq cent	re-Dame.	quatre cent soixante	Same
six cent cinquante-deux	is	soixante-neuf	suis	quarante	onsàla
deux mille	nsmont	quatre-vingt-cinq	cathé	cent vingt	ffel
cent soixante-quinze	midino	cinq cent	detriom		

1b Maintenant écris le message.
Now write out the message.

_____

_____

_____

_____

5 Une semaine à Paris

4 Prenez le métro! (pages 92–93)

1 **Lis ces conversations et remplis la grille.**
Read these conversations and fill in the grid.

a Vous êtes ici à Châtelet.

Pour aller à la tour Eiffel, prenez le métro ligne 1 direction la Défense.
Changez à Charles de Gaulle Étoile.
Prenez le 6 direction Nation,
et descendez à Bir-Hakeim.

b Vous êtes ici à Cité.

Pour aller à l'Arc de triomphe, prenez le métro ligne 4 direction
Porte de Clignancourt.
Changez à Châtelet.
Prenez le 1 direction la Défense.
et descendez à Charles de Gaulle Étoile.

c Vous êtes ici à Palais Royal.

Pour aller au Sacré-Cœur, prenez le métro ligne 1 direction la Défense.
Changez à Charles de Gaulle Étoile.
Prenez le 2 direction Nation,
et descendez à Anvers.

	départ	ligne	changez à	ligne	arrivée
a					
b					
c					

46

5 Le journal de Daniel (pages 94–95)

5 Une semaine à Paris

Chère maman,

C'est bien ici à Paris avec tante Sylvie et mes cousins, Sophie et Jean-Luc.

Samedi, je suis allé au café et j'ai mangé une omelette.

Dimanche, je suis allé aux Champs-Élysées avec Sophie et Jean-Luc. J'ai vu la place de la Concorde et l'Arc de triomphe. C'était génial!

Lundi, je suis allé au Louvre et j'ai vu la Pyramide – c'est super!

Mardi, je suis allé aux grands magasins où j'ai acheté des souvenirs.

Mercredi, je suis allé au Centre Pompidou avec Jean-Luc. Sur la place devant le centre, j'ai vu des artistes de mime – c'était très intéressant.

Jeudi, je suis allé à la Cité des Sciences et de l'Industrie et j'ai acheté mes cartes postales.

Vendredi, je suis allé à la Défense et j'ai vu la Grande Arche de la Défense. C'est super.

J'aime bien Paris!

À bientôt!

Luc

1 C'est quel jour? *Which day is it?*

a _____ b _____ c _____ d _____

e _____ f _____ g _____

2 Complète la grille pour chaque jour. *Fill in the grid for each day.*

Jour	Où	Activité?
samedi	café	acheté une omelette
dimanche		
lundi		
mardi		
mercredi		
jeudi		
vendredi		

Révision 1

5 Une semaine à Paris

Que sais-tu de Paris?

1 **Choisis la bonne réponse pour chaque question.**
   Choose the correct answer for each question.

   1 Les Champs-Élysées, c'est:
      a un musée ☐
      b une grande avenue ☐
      c un parc d'attractions. ☐

   2 La tour Eiffel mesure:
      a 320 mètres de haut ☐
      b 650 mètres de haut ☐
      c 800 mètres de haut. ☐

   3 L'Arc de triomphe a été construit par:
      a Marie-Antoinette ☐
      b Georges Pompidou ☐
      c Napoléon 1. ☐

   4 Quel monument est situé sur l'Île de la Cité?
      a Notre-Dame ☐
      b La tour Eiffel ☐
      c Le Louvre. ☐

   5 Quel monument est l'ancien château des rois de France?
      a Le Centre Pompidou ☐
      b Le Louvre ☐
      c Le Sacré-Cœur. ☐

   6 Notre-Dame a été construite:
      a entre 1530 et 1650 ☐
      b entre 1720 et 1870 ☐
      c entre 1180 et 1330. ☐

   7 Près de quel monument se trouve la Tombe du Soldat inconnu?
      a L'Arc de triomphe ☐
      b La Cité des Sciences et de l'Industrie ☐
      c La Grande Arche de la Défense. ☐

   8 Quel monument a été construit en 1889 pour l'Exposition Universelle de Paris?
      a Le Centre Pompidou ☐
      b La tour Eiffel ☐
      c La Défense. ☐

   9 La Pyramide de verre se trouve:
      a au Centre Pompidou ☐
      b à Notre-Dame ☐
      c au Louvre. ☐

Révision 2

5 *Une semaine à Paris*

Complète les mots croisés. *Complete the crossword.*

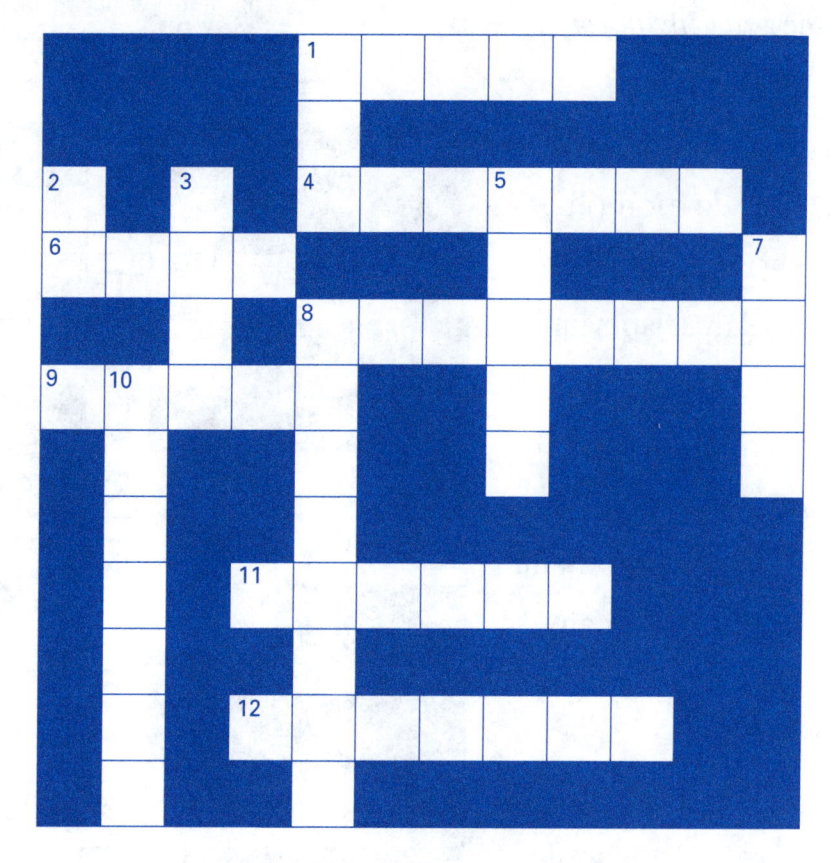

Horizontalement ➡

1 Je vais à Paris en 🛩

4 Le Louvre, c'est un ancien *château/église/cathédrale*.

6 Vous prenez la ligne numéro **9**

8 Le Louvre a une grande *arche/tombe/pyramide*.

9 Je vais en 🚇

11 On va visiter la tour 🗼

12 Je vais en France en 🚗

Verticalement ⬇

1 Je vais visiter l' 🏛 de triomphe.

2 Je suis allé … car.

3 On va arriver à 🕗 heures.

5 Je vais en 🚆

7 Vous prenez la ligne numéro **2**

8 Le Centre *(Triomphe/Pompidou/Eiffel)* a des escaliers à l'extérieur.

10 J'ai fait une promenade sur les Champs *(Eiffel/Pompidou/Élysées)*.

5 Une semaine à Paris

Grammaire 1

1 Complète la grille avec le bon verbe.
Complete the grid with the correct verb.

Rappel
To talk about things that are going to happen, use part of *aller* + another verb.

1 Je vais ... une semaine à Paris.
2 Je vais ... l'Arc de triomphe.
3 Nous allons ... la tour Eiffel.
4 Je vais ... au Parc Disneyland.
5 Je vais ... le Louvre.
6 On va ... les monuments.
7 On va ... du shopping.
8 Nous allons .... une promenade.
9 Nous allons ... une semaine à Paris.
10 On va ... en France.

```
monter    passer    faire    voir

aller                         visiter

passer                        aller

faire                         visiter
```

2a Qu'est-ce que tu vas faire ce week-end?
What are you going to do this weekend?

Je vais ... _____

2b Qu'est-ce que tu vas faire pendant les grandes vacances?

Je vais ... _____

Grammaire 2

5 Une semaine à Paris

1 Suis les lignes et écris des phrases.
Follow the lines and write the sentences.

Exemple: Je suis allé à Paris et j'ai vu les monuments.

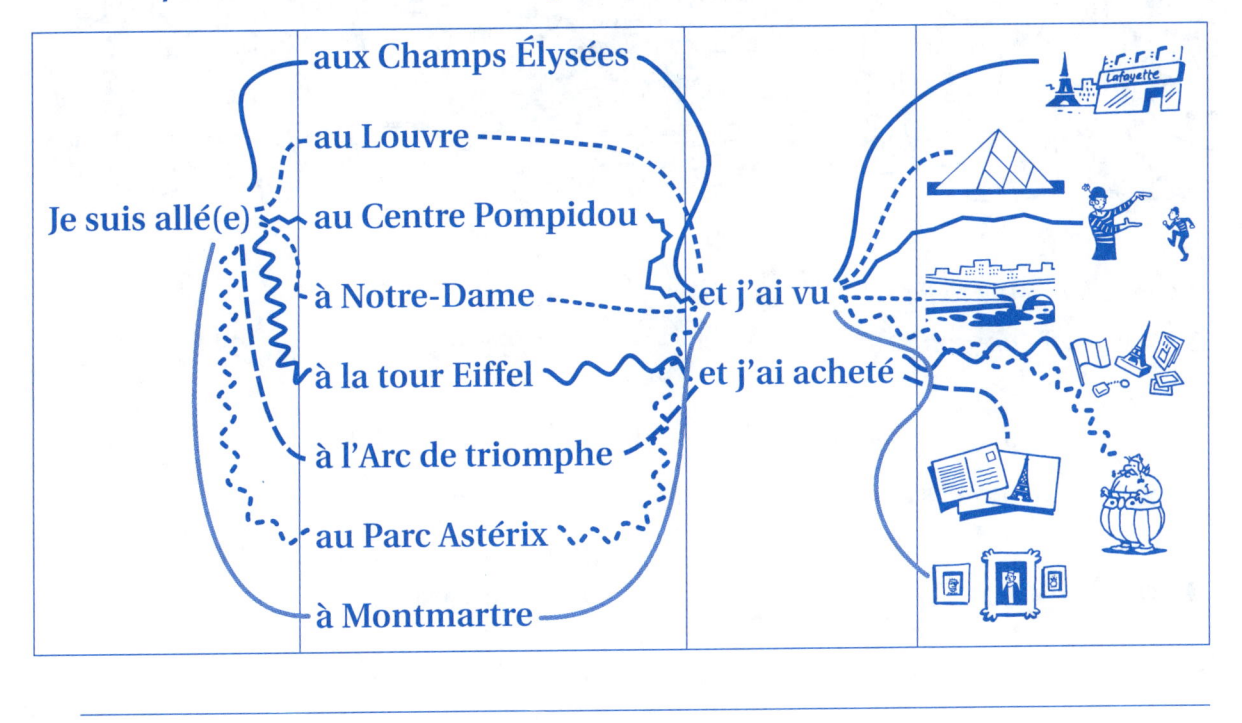

| Je suis allé(e) | aux Champs Élysées
au Louvre
au Centre Pompidou
à Notre-Dame
à la tour Eiffel
à l'Arc de triomphe
au Parc Astérix
à Montmartre | et j'ai vu
et j'ai acheté | |

la Seine   des souvenirs
des cartes postales
Obélix   des artistes de mime
des peintures
les magasins   la Pyramide

Que sais-je?

5 Une semaine à Paris

I can …
- say I am going to Paris   Je vais _____
- say when I am going   Je vais à Paris du _____ au _____

- say how I am going to travel   Je vais à Paris en _____
- say how someone else is going to travel   Il/Elle va en _____
- ask why   Pourquoi?
- give a reason   Parce que c'est _____

- name five sights which I am going to see   Je vais voir _____
  _____
  _____
  _____

- say where I want to go on the metro   Pardon, monsieur/madame,
  je voudrais aller _____

- tell someone to take the no. 5 line and which direction   Prenez la ligne 5, direction _____
  _____

- tell someone to change at …   Changez à _____
- tell someone to get off at …   Descendez à _____

- say where I have been   Je suis allé(e) _____
  _____
  _____

- say what I have done   J'ai acheté _____
  J'ai vu _____

52

6 Visite en France!

1 Je voudrais faire (pages 106–107)

1 **Choisis une réponse pour chaque question.** *Choose an answer for each question.*

QUESTIONNAIRE: Vous aimez l'aventure?

1 Tu voudrais apprendre à faire:
- ○ du parapente ☐
- ◇ de la voile ☐
- ▽ du tennis. ☐

2 Tu voudrais:
- ▽ jouer au tennis ☐
- ◇ jouer au volley ☐
- ○ faire du judo. ☐

3 Tu voudrais:
- ▽ t'informer sur l'histoire de la France ☐
- ◇ visiter le château de Versailles ☐
- ○ visiter la tour Eiffel. ☐

4 Tu voudrais:
- ○ aller au Futuroscope ☐
- ◇ aller à la piscine ☐
- ▽ rester chez toi. ☐

5 Tu voudrais:
- ○ faire du canoë-kayak ☐
- ◇ faire du karaté ☐
- ▽ faire du vélo. ☐

6 Tu voudrais:
- ◇ visiter Notre-Dame ☐
- ▽ visiter ton copain ☐
- ○ aller chez ton correspondant. ☐

7 Tu voudrais te perfectionner dans:
- ◇ le karaté ☐
- ▽ le football ☐
- ○ la planche à voile. ☐

8 Tu voudrais:
- ◇ faire un tour à vélo ☐
- ▽ faire une promenade ☐
- ○ faire de la plongée. ☐

9 Tu voudrais:
- ▽ aller chez un copain ☐
- ○ aller à la Cité des Sciences et de l'Industrie ☐
- ◇ aller aux magasins. ☐

10 Tu voudrais:
- ▽ faire une promenade ☐
- ○ faire du parapente ☐
- ◇ faire du basket. ☐

RÉSULTATS • RÉSULTATS • RÉSULTATS

- △ = 1 point
- ◇ = 2 points
- ○ = 3 points

10-16 points
Vous n'aimez pas l'aventure.

17-23 points
Vous aimez un peu l'aventure mais pas les activités où il y a un peu de danger.

24-30 points
Vous aimez beaucoup l'aventure. Vous aimez aussi les activités un peu dangereuses!

6 Visite en France!

2 L'auberge de jeunesse (pages 108–109)

1 Regarde les détails des deux auberges de jeunesse et complète la grille.
Look at the details of two youth hostels and fill in the grid.

	Creil	Paris/Le d'Artagnan
Combien de sapins?		
Combien de lits?		
Petit déjeuner?		
Repas midi?		
soir?		
Panier-repas?		
Adaptée pour handicapés?		
Chambres pour familles?		
Linge?		
Laverie?		

A.J Centre de Formation des Cadres Sportifs
Creil
à 40 minutes de Paris

Ouverture toute l'année
de 8h à 21h - le dimanche de 8h à 19h

- 3 SALLES À MANGER
- 20 SALLES DE RÉUNION
- AMPHITHÉÂTRE DE 200 PLACES
- PARKINGS
- CABINE TÉLÉPHONIQUE À CARTE
- LAVERIE
- TV, MAGNÉTOSCOPE
- TENNIS DE TABLE
- BILLARD
- JEUX
- TIR À L'ARC
- TENNIS
- VTT (250 KMS DE CIRCUITS)
- SALLE DE MUSCULATION

80 places
AJ 3 SAPINS -AFFILIÉE
ADAPTÉE AUX GROUPES
Compris
Soir: Oui
Oui
Oui
Accueil des familles
Compris
Oui

Auberge "Le d'Artagnan
75020 **Paris**

L'Auberge

Ouverture toute l'année

Installations Prestations

Le bar, avec ambiance musicale et un piano pour les experts.
Concerts de Rock ou de Blues gratuits une fois par mois.
Ouvert tous les soirs jusqu'à 2h00. Tarifs aux environs de 10 F.

Un cinéma de 100 places, 3 films par semaine en V.O. sur grand écran.
GRATUIT...

70 places
AJ 3 SAPINS -AFFILIÉE
ADAPTÉE AUX GROUPES
Oui
Midi: Oui
Soir: Oui
Oui
Structure inadaptée
Accueil des familles
Individuels uniquement
Compris
Location, garage à vélos
Oui

2 C'est quelle auberge de jeunesse?
Which youth hostel is it?

a Elle a soixante-dix lits. _____

b Elle est à quarante minutes de Paris. _____

c Il y a un concert de rock une fois par mois. _____

d Il y a vingt salles de réunion. _____

e Il y a un cinéma de cent places. _____

f On peut jouer au tennis de table. _____

g Il y a un bar. _____

h Elle ferme à dix-neuf heures le dimanche. _____

6 Visite en France!

3 Faire une réservation (pages 110–111)

1 **Écris les réponses dans le bon ordre.**
Write the answers in the correct order.

– Bonjour, madame. _____

_____

– Vous êtes combien? _____

_____

– Vous arrivez comment? _____

– Vous arrivez à quelle heure? _____

– Bon, places du <u>6 au 13 juillet</u> pour <u>7</u> garçons, <u>5</u> filles et <u>2</u> professeurs. Votre adresse? _____

_____

Merci, madame. Au revoir.

– C'est <u>28 Mount Road, Harrogate</u>.

– Nous sommes <u>7</u> garçons, <u>5</u> filles et <u>2</u> professeurs.

– Vers <u>six heures du soir</u>.

– Bonjour, avez-vous des places libres du <u>6 au 13 juillet</u>?

– Au revoir, monsieur.

– Nous arrivons <u>en train</u>.

2 **Écris une conversation avec les détails suivants. Change les détails soulignés dans l'activité 1.** *Write a conversation with the following details. Change the underlined details in Activity 1.*

6 Visite en France!

4 Les stages (pages 112–113)

1 C'est quel sport? Trouve le code.
Which sport is it? Find the code.

a l'équitation _____
b la planche à voile _____
c le ski _____
d le canix _____
e le vavav _____
f l'escalade _____
g la pêche _____
h la natation _____
i le parapente _____
j la natation _____

2 Écris les questions. *Write the questions.*

Exemple: a Aimes-tu faire de l'escalade?

b _____
c _____
d _____
e _____
f _____
g _____

56

6 Visite en France!

5 Un stage au bord du lac (pages 114–115)

Un journal

lundi
Je suis en camp de vacances avec ma sœur, Juliette, près de La Rochelle. Nous sommes dans une auberge de jeunesse pour une semaine avec quarante jeunes. C'est lundi. Je vais à la plage. Je nage et puis nous faisons du canoë-kayak. C'est très amusant!

mardi
Nous faisons de la planche à voile. C'est bien parce qu'il y a du vent.

mercredi
On a un choix d'activités sportives – le tennis, le volley, le basket ou le football. Moi, je choisis le foot et à la fin de l'après-midi, nous avons un match. C'est super! Ma sœur joue au basket.

jeudi
Le matin nous allons à la pêche et puis nous faisons un pique-nique au bord du lac.

vendredi
Nous faisons une balade à vélo et le soir nous jouons aux cartes.

samedi
C'est le dernier jour et nous faisons de l'équitation. J'aime ça. Le soir, il y a une disco.

1   Lis le journal. C'est quel jour? *Read the diary. Which day is it?*

a  _____   b  _____   c  _____   d _____

e  _____   f  _____   g _____

h  _____   i  _____   j _____

2   Trouve: *Find:*

a   quatre opinions _____

b   six jours _____

c   six sports _____

d   deux activités pas sportives _____

57

Révision

6 Visite en France!

1 **Trouve la réponse pour chaque question.** *Find the answer to each question.*

1 Présente-toi. ☐
2 Décris un copain/une copine. ☐
3 Qu'est-ce que tu fais après le collège? ☐
4 Où vas-tu samedi? ☐
5 Qu'est-ce que tu aimes faire? ☐
6 À quelle heure est-ce que tu te lèves? ☐
7 Que fais-tu le matin? ☐
8 À quelle heure est-ce que tu te couches? ☐
9 Tu vas à quels clubs? ☐
10 Parle-moi un peu de ta famille. ☐
11 Qu'est-ce que tu manges et bois au petit déjeuner? ☐
12 Où vas-tu aller pendant les grandes vacances? ☐
13 Tu vas rester combien de temps? ☐
14 Comment vas-tu y aller? ☐
15 Qu'est-ce que tu vas faire en vacances? ☐

Réponses:

a J'y vais pour deux semaines.
b J'habite avec ma mère et mon frère. Ma mère a 40 ans et elle s'appelle Sylvie. Mon frère s'appelle Luc et il a dix ans.
c Je me lève à sept heures.
d Je regarde la télé, je fais mes devoirs et j'écoute de la musique.
e Je me douche, je m'habille et je me lave les dents.
f Je vais en France en voiture.
g Je vais partir en France le deux juillet.
h Je vais à un cours de piano le mercredi et je joue dans une équipe de basket le samedi.
i Je m'appelle Agnès et j'ai 13 ans. J'habite à Bordeaux. J'ai les cheveux bruns et les yeux bleus.
j Je mange du pain avec de la confiture et je bois du café.
k Je vais en ville et je fais du shopping.

6 Visite en France!

l Je me couche à neuf heures trente.

m J'aime aller au stade. J'aime regarder les matches de foot.

n Mon copain s'appelle Marc. Il a 14 ans. Il a les cheveux blonds et les yeux bruns.

o Je vais aller à la plage et je vais aller au parc d'attractions.

2 À toi de répondre aux questions de l'activité 1. *Now it's your turn to answer the questions from activity 1.*

Grammaire 1

6 Visite en France! VERT

Rappel
To say that you like doing something, you need **j'aime** + another verb.

1 Écris une phrase pour chaque dessin.
Write a sentence for each picture.

a ♥ — windsurfing
b ♥ — horse riding
c ✗ — volleyball
d ✗ — fishing
e ♥ — swimming
f ♥ — climbing
g ♥ — hiking
h ♥ — canoe-kayak
i ✗ — tennis
j ♥ — parapente

J'aime	faire	de la planche à voile/de l'escalade/ de la randonnée/de l'équitation/ du canoë-kayak/de la natation/ du parapente
Je n'aime pas	jouer	au volley/au tennis
	aller	à la pêche

Grammaire 2

6 Visite en France!

Rappel
Remember that you can say a lot of things if you know at least a dozen common verbs.

1 Choisis un élément de chaque colonne et écris une phrase pour chaque image.
Write a sentence for each picture.

a   J'arrive à l'auberge de jeunesse
b
c
d
e
f
g
h
i
j
k
l

Je mange	des cartes postales
Je fais	des vidéos
Je joue	à la pêche
J'achète	une balade à vélo
Je tombe	une pizza
Je vais	à l'auberge de jeunesse
Je joue	au lac
Je vais	dans la mer
Je regarde	dans l'eau
J'arrive	chez moi
Je rentre	aux cartes
Je nage	au volley

Que sais-je?

6 Visite en France!

I can …

- say what I would like to do   Je voudrais _____
- ask someone what they would like to do   Qu'est-ce que tu _____?

- name five facilities the youth hostel has   Il y a _____
    _____
    _____

- say one it doesn't have   Il n'y a pas de _____
- say which I prefer   Je préfère l'auberge _____
- say why   parce qu'il y a _____

- make a reservation   Je voudrais réserver _____ places pour _____ filles, _____ garçons et _____ professeurs du _____ au _____

- ask if rooms are available   Avez-vous _____?
- say what time we are arriving   Nous arrivons à _____
- name five activities   _____
    _____

- say what I like doing   J'aime _____
- ask someone if they like doing something   Aimes-tu _____?
- say what someone else likes doing   Elle aime _____
    Il aime _____

- talk about activities on an excursion   Je joue _____
    Je fais _____
    J'achète _____

Diplôme

Nom et prénom: _____

Âge: _____

Date de naissance: _____

Nationalité: _____

Collège: _____

Prof de français: _____

Félicitations! Tu as fini Métro 2. Tu as fait ces modules:

1. Salut!
2. Ma vie
3. Famille et copains
4. À table!
5. Une semaine à Paris
6. Visite en France!

Quel est ton module préféré? _____

J'ai trouvé:

	génial	OK	intéressant	difficile	ennuyeux
ECOUTER					
LIRE					
PARLER					
ECRIRE					

Mes activités préférées: _____

Signature: _____ Date: _____

Signature du prof: _____ Date: _____

ISBN 0 - 435 - 371 - 894

9 780435 371715